ANTISÉMITISME

ET

RÉVOLUTION

PAR

BERNARD LAZARE

Prix : 10 Centimes

PARIS
P.-V. STOCK, ÉDITEUR
8, 9, 10 11, Galerie du Théâtre-Français.
1898

ANTISÉMITISME ET RÉVOLUTION

Lettre de Jean Mouton à son ami Jacques

Mon cher Jacques,

Depuis longtemps je ne t'ai pas écrit ; la besogne a été dure depuis quelques mois, et je rentrais le soir si harassé que je n'avais pas le courage de lire ; je gagnais mon lit et je dormais comme une brute, jusqu'au moment de reprendre la chaîne. J'avoue même que pendant ces jours de rude travail j'enviais ton sort, et lorsque je suais devant les fourneaux je te voyais paisiblement debout devant ta casse en train de composer quelque bouquin que tu liras.

Enfin, depuis une quinzaine nous avons un peu de répit, j'ai repris mes lectures et j'ai naturellement besoin de tes conseils. Benoit le libraire, tu le connais je crois, c'est le petit vieux qui a sa boutique au coin de notre rue et de la rue Neuve, m'a prêté la « France Juive », de Drumont, et je viens d'achever le premier volume. Ce livre m'a laissé perplexe et je vais franchement t'avouer pourquoi.

Tu sais que si je suis devenu autre chose qu'une bête de somme, c'est à toi que je le dois, tu m'as éduqué, tu m'as enseigné un peu d'histoire, trop peu hélas ! tu m'as fait connaître les œuvres de ceux qui ont été les amis du peuple, tu m'as appris que c'était un peu de nous-mêmes, prolétaires, que dépendait notre bien-être futur, enfin tu m'as montré quels étaient nos ennemis, comment nous étions domestiqués par le capital et ce qu'il faudrait faire pour échapper au joug qui nous abrutit. Or, est-ce parce que depuis longtemps je ne t'ai vu, ou que tu ne m'as plus soutenu de tes lettres, mais j'ai trouvé que Drumont, qui cependant ne s'accorderait pas avec toi sur bien des points, dit des choses très justes et très bonnes. Je laisse de côté ses prétentions religieuses et son désir avoué de nous replacer sous la dénomination de la bonne mère Église dont nous sommes à peine délivrés, mais cela mis à part, il m'a semblé qu'il ne faisait pas mauvaise besogne. Il a l'air d'en savoir long sur l'Histoire de France et même sur la vieille histoire, et ce doit être un gaillard très instruit, il n'est pas toujours d'accord avec le petit manuel que tu m'as envoyé, mais je ne suis pas sûr que ce soit ce petit manuel qui ait raison, car il ne parle pas des juifs, et Drumont fait bien voir que ce sont les juifs qui ont toujours amené la misère des pauvres bougres en les exploitant de toutes les façons; la preuve en est qu'on les massacrait, et on avait ses motifs pour ça. Or, d'après ce que dit Drumont, la misère autrefois était bien moins grande, et je le crois sans peine, car je vois tous les malheureux qui sont autour de nous; il a donc peut-être raison lorsqu'il assure que si la détresse et le désespoir ont augmenté, c'est parce qu'on a permis aux juifs de vivre libres, qu'on ne leur a plus fait rendre gorge, qu'on les a laissé piller et voler tout à leur aise, qu'on leur a permis de mettre la main sur la finance, sur le commerce, sur l'industrie, de telle façon qu'aujourd'hui ils sont les maîtres de la France, qu'ils possèdent tout et sont la cause de la misère du prolétaire. C'est eux aussi qui ont corrompu les mœurs, ils ont fait de l'argent le dieu moderne, ils ont sollicité les consciences, ils les ont achetées et ils ont démoralisé les aryens.

Comment ne m'as-tu jamais parlé de tout cela? j'en

suis fort surpris. Trouverais-tu que ces idées ne sont pas justes, et que les affirmations de Drumont sont exagérées ? Je tiens à ce que tu me donnes ton avis là-dessus, mais jusqu'à ce que tu m'aies prouvé le contraire, je suis très disposé à croire que si, selon le conseil de Drumont, on instituait une chambre de justice chargée de faire rendre gorge aux financiers, et si l'on prenait des mesures pour empêcher les juifs de nous envahir et de nous gruger, tout irait bien mieux. D'ailleurs nous n'allons pas dans leur Jérusalem, pourquoi donc viennent-ils chez nous ?

Réponds-moi bien vite, mon cher Jacques, car cette question m'intéresse beaucoup. J'en cause tous les jours avec Benoit qui est très antisémite, et, ma foi, il faut bien que je te le dise, c'est lui qui m'a un peu converti ; or, si Benoit a tort, j'aurais grand besoin de tes arguments pour lui prouver qu'il se trompe. Distingue-toi, parce que je lui montrerai ta lettre.

Je te serre la main. Ton ami,

JEAN.

Réponse de Jacques à son ami Jean Mouton

Mon cher Jean,

Laisse-moi te dire d'abord que j'ai été très content de recevoir ta lettre, car je craignais que tu ne fusses malade. Tu vas bien, le travail marche, il n'y a pas de chômage, les petits peuvent avoir les pieds chauds et l'estomac plein, voilà qui est excellent ; je voudrais que tous les camarades fussent comme toi, qu'ils aient l'esprit tranquille et puissent s'occuper à lire et à discuter pour se former des idées. Ton épître m'a fait plaisir, j'ai vu par elle que tu avais toujours autant d'ardeur à t'instruire et je me suis souvenu de nos entretiens d'il y a quatre ans.

Tu n'as pas changé depuis ce temps, mon bon Jean, tu es toujours le même : le meilleur des prosélytes, et tu te laisses vite gagner. Allons, ne fais pas ta moue, tu sais bien que j'ai raison, mon gros, et qu'on te prend facilement ; assieds-toi donc à califourchon sur ta chaise, prends ta tête à deux mains et écoute-moi, nous allons causer un peu de ce qui t'intéresse.

Alors tu crois que ces gredins de Juifs ont conquis la France et même le monde, qu'ils nous ont infecté de tous les pêchés, de tous les vices ; qu'ils sont nos maîtres, qu'ils nous gouvernent en même temps qu'ils nous pourrissent, et tu penses que si on les supprimait l'âge d'or renaîtrait sur la terre parce que la France serait aux Français, l'Allemagne aux Allemands, la Russie aux Russes, etc. Quand je dis que tu crois cela, je veux dire que Benoit te l'a fait croire, et c'est Drumont qui l'a fait croire à Benoit. C'est donc à Drumont qu'il faut répondre. Je vais, si tu veux, résumer en quelques lignes la théorie antisémite :

« Les Juifs, dit Drumont, et d'autres encore, sont des Asiatiques, des Orientaux, des étrangers, de race et de constitution différentes de la nôtre. Ils ne peuvent comprendre nos idées et nos sentiments. Ils contribuent à altérer l'esprit français, ils sont immoraux et n'ont pas la notion du juste ; ils corrompent les chrétiens qui sans eux auraient toutes les vertus ; c'est à eux enfin que nous devons *les excès* du régime capitaliste. Ils sont la cause de « l'agonie de la nation » qui est « mise à la glèbe par une minorité infime ». Grâce à ce « corps étranger, introduit dans un organisme resté sain jusque là » grâce à lui, « l'argent auquel le monde chrétien n'attachait qu'une importance secondaire et n'assignait qu'un rôle subalterne » — exemple, la conquête du Nouveau-Monde, par la plus chrétienne de toutes les nations — « est devenu tout puissant ». On serait entre Aryens que tout se passerait bien mieux. Nous sommes enjuivés. »

Vois-tu, mon bon Jean, Drumont, dont tu as reconnu les phrases, voit aussi juste là que lorsqu'il écrit, que « le duc de la Rochefoucauld et le prince Kropotkine ont à peu près les mêmes idées sur la propriété » et que « la notion du bien et du mal est également oblitérée chez eux ». Laissons de côté la question aryenne et sémite, j'y reviendrai, nous en causerons ensemble et tu verras qu'il n'y a ni peuples aryas, ni peuples sémitiques et que toutes ces belles phrases qui opposent le noble aryen au vil sémite sont des phrases vides et qui prouvent seulement la complète ignorance de ceux qui les écrivent.

En réalité, les Antisémites sont tous des esprits simplistes, un peu naïfs et souvent peu instruits. Ils procèdent à peu près comme les sauvages qui ne voient pas très nettement les véritables causes des événements, et qui prennent un phénomène pour la cause d'un autre, simplement parce que ces deux phénomènes se produisent en même temps. Suppose cependant que le jour même où une maison a brûlé on ait constaté qu'elle venait d'être envahie par les rats, diras-tu que les rats ont provoqué l'incendie, ou qu'ils en sont la cause? Non, n'est-ce pas. C'est cependant là la façon de raisonner des Antisémites.

Ils se trouvent en présence d'une organisation fort complexe, résultat d'une évolution économique lente, dont le règne du capital, le triomphe de l'argent, la royauté industrielle et financière ne sont que le dernier terme. Ils ne considèrent que le présent et ils attribuent aux juifs ce qui est le produit de milliers de causes ayant agi pendant des siècles. Mais les Antisémites ignorent le séculaire travail qui a préparé la domination capitaliste actuelle. Ils ne savent pas que pour amener la prépondérance de la bourgeoisie contemporaine il a fallu ces deux grands mouvements d'expansion qui s'appellent d'abord les Croisades — moment où l'Orient a commencé à civiliser l'Occident brutal et barbare — et ensuite la découverte de l'Amérique; il a fallu les multiples colonisations de l'Espagne, du Portugal, de l'Angleterre, de la Hollande, de la France, et tout l'effort du régime commercial; il a fallu l'établissement du crédit public et l'extension des grandes banques; il a fallu le développement des industries manufacturières, les progrès scientifiques qui ont amené la création et le perfectionnement du machinisme; il a fallu toute l'élaboration législative concernant le salariat, jusqu'au moment où, sous la Révolution Française, la bourgeoisie enleva même aux prolétaires le droit d'association et celui de coalition; il a fallu encore bien d'autres causes, des causes morales, historiques et religieuses pour créer la société bourgeoise. Et l'on vient te dire que ce sont les juifs qui ont fait tout cela! Allons donc! ceux qui affirment pareille chose mentent sciemment, ou ils sont d'une absolue et stupéfiante ignorance. Ils n'ont pas le choix.

Je sais bien que beaucoup d'Antisémites disent imperturbablement : « Tout allait mieux dans la vieille France, sur la terre des lys, fidèle à son Dieu et à son roi. On y avait le respect de l'autorité et celui des choses saintes, on y pratiquait l'altruisme, on chérissait les monarques pères du peuple et la noblesse qui était prête à défendre les petits; c'est qu'alors il n'y avait pas de juifs, on était entre Français et on s'entend toujours quand on est en famille »

C'est pour cela qu'après des années d'ignominies et de

misère, le peuple couvrait de boue et d'insultes le cercueil de Louis XIV; c'est pour cela que l'Histoire de France pourrait se faire par l'Histoire des révoltes du peuple malheureux et opprimé par ceux qui étaient alors les capitalistes, capitalistes terriens aussi durs que les capitalistes agioteurs : la noblesse et le clergé auxquels se joignit la bourgeoisie dès qu'elle put.

On te raconte que c'est aujourd'hui seulement que les financiers tiennent le haut du pavé et qu'ils vivent sur le pré du pauvre, on te raconte que seulement aujourd'hui la corruption est la maîtresse et que ce sont les juifs qui ont perverti les descendants des preux et les fils des Gaulois. Ce sont des mensonges, mon pauvre Jean ; sous Louis XIII et sous Louis XIV — je ne veux pas remonter plus haut — les traitants étaient déjà les maîtres. Si tu lisais les mémoires du temps, ceux de Tallemant des Réaux par exemple, tu verrais quelle était leur rapacité, comment ils faisaient fortune, comment ils tenaient le haut du pavé et comment la noblesse, tout en se moquant d'eux, épousait leurs filles et vivait à leurs crochets. La cupidité était alors aussi effroyable qu'aujourd'hui et elle se montra pleinement lorsque, sous la régence du duc d'Orléans, l'Ecossais Law vint appliquer son système, fonda sa banque et sa compagnie des Indes. Tout le monde alors spéculait, avait soif de l'argent, voulait en avoir par tous les moyens ; les duchesses étaient aux genoux de Law, elles lui baisaient la main pour tirer de lui quelques actions, ce qui faisait dire à la mère du Régent : « Si les duchesses agissent ainsi que lui baiseront donc les autres femmes ». Le nonce du pape assistait aux fêtes données par l'Ecossais, des ducs et des princes demandaient à épouser sa fille qui avait alors huit ans ; les marquis et les comtes prenaient pour beaux-pères les plus notoirement tarés des spéculateurs, ils se contentèrent de lâcher leurs femmes quand ils eurent mangé la dot et que le système s'écroula. Alors, lorsque tout parut compromis, les grands agioteurs réalisèrent leurs mauvais papiers en bonnes valeurs marchandes : ils accaparèrent les subsistances. C'était le temps où le duc de La Force, pair de France, président du Conseil des Finances et du Commerce, accaparait pour plusieurs millions d'épicerie et de vivres, avec la complicité des moines du couvent des Grands Augustins. Le duc d'Antin, le duc de Guiche, le Maréchal d'Estrées en agissaient de même et les couvents étaient leurs entrepôts. Pour faire un exemple, c'est-à-dire obligé par la clameur et la colère du peuple, le gouvernement fit condamner aux galères... l'intendant du duc de La Force.

En même temps le Père La Valette, un jésuite, supérieur des Missions de la Martinique et grand commerçant, faisait une banqueroute de trois millions, mais se trouvait dépassé par un autre banqueroutier célèbre : le prince de Guéménée. Quant au clergé, il se tirait d'affaire, après la chute de Law, par une escroquerie : il se faisait autoriser à payer ses dettes avec des billets qui n'avaient plus de valeur. Mais, me diras-tu, il y avait les hautes cours de justice ; de temps en temps on forçait les sangsues à dégorger. Oui, quand on avait dilapidé le trésor à tel point qu'il était vide, on faisait remplir la caisse par quelques financiers choisis pour le dilapider de nouveau. Parlons-en des Hautes Cours de Justice. En 1716, la noblesse ruinée souleva le peuple contre les financiers, elle s'enrichit aux dépens des traitants, laissant ses alliés gros Jean comme devant. Le peuple dansait devant le buffet, pendant ce temps les gens de cour et les juges remplissaient leurs poches, et le duc de Saint-Simon pouvait dire de celui qui présidait la Chambre de Justice, Lamoignon : « Il y gagna beaucoup d'argent et s'y déshonora. » Le déshonneur était médiocre, car tous faisaient comme lui. Les courtisans faisaient commerce de leur influence, ils touchaient des pots de vin pour arrêter les poursuites et faisaient chanter les récalcitrants.

Trouves-tu ces mœurs bien différentes de celles d'aujourd'hui ? Non, n'est-ce pas, eh bien ! en ce temps les juifs n'étaient rien. Sais-tu combien il y en avait à Paris, à cette époque ? cent dix, dont quatre étaient banquiers, les autres marchands, brocanteurs ou graveurs sur métaux et sur pierres.

Penses-tu que ce soient ces cent dix Juifs qui aient amené cette corruption ? Non, cette décrépitude était le signe de la fin d'un régime. De même aujourd'hui. Quand les antisémites parlent de l'agonie de la France, ils se trompent, il ne s'agit que de l'agonie de la bourgeoisie, et cette agonie, ce ne sont pas les quatre-vingt mille juifs de France qui l'ont amenée, ce ne sont pas davantage les huit millions de juifs du globe qui causent la mort de la société capitaliste, pense un peu à ce que peuvent faire huit millions de juifs parmi les 1,500 millions d'hommes qui vivent sur le globe, ou si tu veux ne considérer que les nations de race blanche, parmi *507 millions* d'individus.

L'Antisémitisme, mon pauvre Jean, c'est bon pour les curés, les réactionnaires et les bourgeois, car ce sont les seuls qui peuvent — ou qui espèrent — en tirer quelque chose; ils comptent, grâce à lui, échapper aux coups dont ils sont menacés et renforcer leur puissance. En entretenant, en fomentant, en propageant l'Antisémitisme, les curés pensent détourner l'Anticléricalisme, la réaction, étrangler la république et rebâtir le trône, la bourgeoisie, chrétienne ou voltairienne, sauver la caisse. Quant à toi et moi, pauvres bougres et prolétaires, qu'avons-nous à attendre de ce mouvement? Rien du tout, mon ami, et notre situation n'en serait pas changée.

Remarque qu'un grand nombre d'Antisémites — et Drumont est du nombre — te disent que la Révolution française est une abomination parce qu'elle a renversé le vieil état chrétien, et ils t'affirment sans rire que c'est le Juif qui a fait la révolution, en haine de Jésus-Christ. Renvoie-les donc à l'école et demande-leur s'ils veulent te faire prendre des vessies pour des lanternes. La Révolution c'est notre œuvre à nous, et si les juifs y ont participé, je ne leur en veux pas de mal, pas plus que je n'en veux à Karl Marx, ou à Lassalle, qui étaient israélites, au contraire. J'aime mieux ces juifs que Drumont qui, au fond, avec tout l'Antisémitisme chrétien, a la haine de l'esprit moderne et voit le salut dans la religion et dans la foi, c'est-à-dire dans l'oppression intellectuelle et morale et dans l'imbécillité. Méfie-toi de ces gaillards-là, Jean; ils voudraient réaliser le règne de Dieu et le règne de Dieu, vois-tu, c'est le règne de la barbarie, de la sottise, de l'ignorance et de la tyrannie.

Tous les Antisémites ne sont pas religieux, me dirastu. C'est vrai; à côté des Antisémites catholiques et protestants qui te disent que le Juif est dangereux parce qu'il est anti-chrétien, il y a les Antisémites patriotes. Ceux-là t'annoncent gravement que la France est la reine des nations, que tous les autres peuples lui sont inférieurs, que de cette divinité nationale il ne peut rien sortir de mauvais. Si donc le mal existe en France, s'il y a des exploiteurs de pauvre monde, des spéculateurs malhonnêtes, des pots de viniers, des maîtres chanteurs, la faute en est aux étrangers qui corrompent les nobles Gaulois (?), et, naturellement, aux juifs. C'est une conception de vaniteux bébête, que le chauvin français partage avec le chauvin allemand, avec le chauvin italien, avec tous les chauvins. Béhanzin ne se faisait-il pas appeler le roi des rois et ne tenait-il pas le peuple dahoméen pour le plus parfait des peuples? Tout ça c'est des mots, et il n'y aurait aucun étranger en France que tu serais obligé quand même de travailler tes douze heures par jour pour gagner maigrement ta vie. Méfie-toi de cet égoïsme patriotique, de ce protectionnisme national, il te coûtera cher un jour, c'est avec ça qu'on te tirera le meilleur de ton sang. Méfie-toi des pseudo-socialistes qui te déclarent que si tes salaires sont bas, la faute en est aux ouvriers étrangers et aux juifs, et que tu seras plus heureux lorsqu'on aura chassé les uns et les autres. Comme le bourgeois rirait s'il pouvait te pousser contre tes frères de misère, contre tes compagnons de chaîne et préserver ainsi sa peau.

Mais revenons aux Juifs. Crois tu que tu serais bien avancé, le jour où tu aurais chassé de France ou massacré le petit Jacob, mon voisin que tu connais, qui est ouvrier tapissier et gagne cinq francs par jour quand il ne chôme pas, ce qui lui arrive cent journées par an? Aurais-tu résolu la question sociale lorsque le petit Jacob aura disparu? Ton voisin Jacob est une exception, me répondras-tu, mais, mon pauvre ami, sur huit millions de juifs, il y en a sept qui sont dans la situation du petit Jacob ou dans une situation pire. En Russie, en Galicie, en Roumanie, en Serbie, en Turquie, à Londres, à New-York, dans certains quartiers de Paris leur misère est affreuse. Ils sont pour la plupart des artisans et en cette qualité ils pâtissent de l'état social. Ils sont même parmi les prolétaires les plus déshérités, parmi ceux dont les salaires sont les plus bas, je te démontrerai ça tout au long un jour, si la chose t'intéresse.

Il reste donc un million de juifs capitalistes ou petits bourgeois dans le monde entier, eh bien, le jour où l'on viendra te raconter que ce million d'hommes en opprime des centaines de millions, tiens toi les côtes de rire, envoie ton Antisémite apprendre ce qu'il ne sait pas, et sois assuré que, quand bien même tu supprimerais ce million de juif et les autres par-dessus le marché, la société capitaliste resterait la même. De même qu'il est faux de dire que les juifs ont constitué la société telle qu'elle est, il est faux de dire que leur suppression amènerait un changement.

Sais-tu le résultat que cela aurait ? D'abord il n'y aurait plus de fonctionnaires juifs. Mais, dis-moi un peu, qu'est-ce que cela peut te faire qu'il y ait beaucoup de juifs dans les administrations, dans les ministères, dans les préfectures, etc. ? Si on les chassait, comme le veut ce bon M. Denis et autres excellents bourgeois qui ont une progéniture à caser, tu n'aurais que l'avantage médiocre de nourrir des budgétivores chrétiens au lieu de budgétivores juifs. Quelle joie serait la tienne, n'est-ce pas ?

Le second avantage que tu retirerais de la suppression des juifs, serait de n'avoir que des patrons chrétiens ! Eh bien, crois-tu que ce soient seulement les juifs qui veulent restreindre ton droit de coalition : sont-ce eux qui ont préparé la nouvelle loi sur les syndicats et les grèves, sont-ce eux qui sont cause du chômage, de la baisse des salaires ; sont-ce les juifs seuls qui refusent d'accepter la journée de huit heures et qui repoussent systématiquement toutes nos revendications ? Tu as vu ce qui se passait alors qu'il n'y avait pas de Juifs. Enlève les enfants d'Israël de ce monde et tu verras si les associations financières, les unions patronales, les trust, les syndicats capitalistes ne subsisteront pas, tu verras si, quand même, lorsqu'on le pourra, on ne pratiquera pas le Sweating-System, comme disent les Anglais, c'est-à-dire l'art de faire suer le prolétaire et de le faire crever à la tâche.

Au fond, et tu dois le comprendre maintenant, l'Antisémite te dit simplement et naïvement qu'il vaut mieux être dévoré par des Français de France que par des fils d'Abraham. A quelle sauce aimes-tu mieux être mangé, toi? A aucune, n'est-ce pas mon vieux, alors moque-toi de ceux qui te disent : il ne faut supprimer que les Juifs.

L'Antisémitisme t'importe peu à toi prolétaire, et il me laisse indifférent. Cependant, diras-tu, il a une cause; oui, pour les bourgeois, mais, quant à toi, tu n'as aucune raison d'être Antisémite. Le Juif ne te lèse pas toi, il ne peut léser que le capitaliste, et l'Antisémitisme est une lutte de riches, un combat entre des détenteurs de capital. C'est le commerçant, le financier, l'industriel chrétien qui peuvent avoir à se plaindre du Juif. Le petit bourgeois dévoré par l'Agio rend le Juif responsable de cet état de choses dont il n'est qu'une des moindres causes — et je parle du Juif financier, c'est-à-dire, d'une poignée d'individus en France; — mais la véritable raison de l'Antisémitisme bourgeois, c'est la concurrence, la concurrence directe entre les manieurs d'argent, entre les négociants et les fabricants juifs et chrétiens. Mais nous, nous ne subissons pas plus le patronat juif que le patronat protestant et catholique, au contraire, car là c'est le nombre des patrons qui importe, et ce ne sont pas les Juifs qui sont le nombre. Expulse Rothschild, et les bagnes de Schneider, de Lebaudy, de Sommier, de Chagot, de Motte, de Harmel, de Rességuier, des Reille, etc., seront quand même debout.

L'Antisémitisme, crois-moi, c'est le paratonnerre de la bourgeoisie capitaliste. Tiens, laisse-moi te donner un exemple. Tu as entendu raconter l'histoire de voyageurs poursuivis dans la neige par les loups. Ils sont sur leur traineau, bien emmitouflés de fourrures, et la meute les poursuit; alors, pour retarder l'assaut, ou pour y échapper tout à fait, ils jettent aux poursuivants les provisions de route, et finissent par sacrifier un de leurs chevaux, autour duquel les loups se disputent comme des sots en laissant fuir l'attelage. Aux malheureux qui souffrent, aux prolétaires qui peinent, la bourgeoisie voudrait sacrifier quelques douzaines de Juifs et sauver ainsi son traineau chargé de butin.

Qu'arriverait-il si on confisquait les biens des capitalistes juifs ? Les capitalistes chrétiens se partageraient les dépouilles naturellement, et il n'y aurait plus de bornes à leur puissance puisqu'ils auraient supprimé une concurrence dangereuse. Ils seraient alors les seuls maîtres, et nous aurions la joie d'être exclusivement dévorés par des gens que Drumont reconnaîtrait pour de bons Français et qui auraient été soigneusement baptisés.

Les antisémites ne sont pas des partageux, mon pauvre Jean, ils aiment le potage, et ils veulent le manger en famille, mais ils ne sont pas nos parents et ils voudraient encore moins partager avec nous qu'avec les juifs.

Ne te laisse donc pas prendre à des phrases vides. Regarde de près ce qu'ils sont, les antisémites : ils sont les ennemis de tout ce que nous chérissons. Mais Drumont, diras-tu, tape cependant sur tous les riches. Assurément et s'il était capable de réfléchir, il reconnaîtrait que c'est moi qui ai raison et que ses idées sont fausses, étroites, incomplètes et injustes, il avouerait qu'il a fait une mauvaise œuvre. Il s'est trop avancé maintenant pour oser reconnaître la médiocrité de sa conception ; d'ailleurs il est perturbé par l'hystérie religieuse et d'autre part s'il fait illusion avec de gros fatras, il est sur bien des points ignorant comme une carpe et sa façon d'écrire l'histoire vaut bien celle du père Loriquet.

N'a-t-il pas fait de bien, cependant, pourras-tu me demander ? Il a donné à quelques-uns qui l'ont cru sincère l'illusion qu'il était un démolisseur. En laissant de côté l'historien et le socialogue qui sont inférieurs et négligeables, ils estimaient Drumont comme un destructeur, un agent de désordre, un élément de révolution, et mon ami Nathan, qui est juif, croyait qu'il pouvait porter de rudes coups au capital et à la société, et que, ironie des choses, ce représentant du passé pouvait servir à préparer un avenir qui ferait horreur à son âme chrétienne s'il le pouvait concevoir tel qu'il sera.

Mais il a fallu en rabattre pour ne voir dans Drumont que ce qu'il était : le porte-parole des sots qui mangent leur juif quotidien, des bourgeois qui pensent préserver leurs coffres-forts, des parasites sociaux qui veulent être nommés sous-préfet à la place de M. Abraham, et percepteur à la place de M. Nephtali, l'agent enfin nos pires ennemis : ce troupeau des sacristains qui veut nous ramener dans le giron de l'Église romaine d'où nous avons eu tant de mal à nous évader.

Laisse donc cette bande de bourgeois te parler de sémites et d'Aryens, de conceptions aryennes et de corruptions sémitiques, de noblesse aryenne et d'abjection sémitique, de morale aryenne et de morale sémitique. Ce sont de grands mots qui n'ont pas de sens; ne te laisse pas troubler la cervelle par eux : ils ne veulent rien dire. Il n'y a pas d'Aryens, il n'y a pas de sémites : il y a des pauvres et des riches, des exploiteurs et des exploités. Il n'y a pas de morale aryenne et de morale sémitique, l'une admirable et l'autre ignoble : il y a une morale universelle et laïque, large et libre, et il y a des morales religieuses, étroites, intolérantes, particulières à quelques groupe d'hommes abêtis par une foi irraisonnée. Quant aux religions sémitiques dont on t'a dépeint avec raison tout l'horreur, je n'en connais plus qu'une de vivante aujourd'hui : c'est la religion catholique, qu'un grand nombre d'antisémites veulent restaurer.

Ces explications te suffisent-elles, mon bon Jean? Si elles peuvent te convaincre, ce que j'espère, communique-les à ton ami Benoît et dis-lui d'en faire son profit lui aussi. A ceux qui viendront désormais te vanter l'antisémitisme, réponds que l'antisémitisme tend simplement à mettre des préjugés religieux au service des intérêts commerciaux et industriels privés, de la concurrence entre deux catégories de capitalistes, et de l'égoïsme chauvin qui est une des formes de cette concurrence.

A ceux qui dénonceront devant toi le péril juif, réponds en attaquant le capital, quel qu'il soit, juif ou chrétien : le capital sans qualificatif. A ceux qui t'engagent à crier à bas Israël, réponds encore à bas le capital, à bas la propriété, et ne sors pas de là, ne te laisse pas détourner de ta route par ceux qui veulent t'engager dans une impasse qui ne te conduira à rien. Va! la finance, l'agio, le capital, la propriété, tous tes ennemis, en un mot, ne sont pas juifs, ils sont universels, ils sont chrétiens, ils sont musulmans, ils sont boudhistes. Prends garde de ne pas les aider et de compromettre ta cause en soutenant inconsciemment la leur. Ils se riraient de toi après que tu leur aurais servi sottement d'auxiliaire et profiteraient de leur victoire pour mieux t'asservir. Au revoir, mon cher Jean; si tu as encore quelques questions à me poser, ne te gêne pas; j'ai du temps le soir pour te répondre.

Bonne poignée de mains de ton ami

Jacques.

Pour copie conforme :

BERNARD LAZARE.

398-6-98 — Vincennes, Imprimerie Lucien LÉVY, 2, rue Lejemptel.

DU MÊME AUTEUR :

L'ANTISÉMITISME

SON HISTOIRE ET SES CAUSES

Un volume in-18 à 3 fr. 50.

Contre l'Antisémitisme *(Histoire d'une Polémique)*, une brochure in-18 0 fr. 50.

La Vérité sur l'Affaire Dreyfus. Une erreur judiciaire. Premier mémoire (1897). Une brochure in-18, 0 fr. 50.

L'Affaire Dreyfus. Une erreur judiciaire. (Deuxième mémoire, avec des expertises d'écritures de MM. Crépieux-Jamin, Gust. Bridier, de Rougemont, P. Moriaud, E. de Marneffe, de Gray Birch, Th. Gurrin, J.-H. Schooling, D. Carvalho, etc.) Un volume in-8, 3 fr. 50.

Comment on condamne un innocent. L'acte d'accusation contre le capitaine Dreyfus. Une brochure in-8, 0 fr. 50.

www.ingramcontent.com/pod-product-compliance
Ingram Content Group UK Ltd.
Pitfield, Milton Keynes, MK11 3LW, UK
UKHW021041200726
13857UKWH00005B/1850

9 782012 786424